Grammar Broonie

a guide tae Scots grammar

fae
The Scottish National Dictionary Association

text by	**Susan Rennie**
wi	**Iseabail Macleod** **Pauline Cairns**
exercises by	**Matthew Fitt**
graphics by	**Barbara Robertson**

Preface

The *Grammar Broonie* is based on the electronic 'Grammar Broonie', devised as part of the SNDA's *Electronic Scots School Dictionary* (1998). With increasing awareness of the importance of including grammar in the teaching of Scots language, we felt there was a need for a paper version of the *Grammar Broonie* which would make the text available to a wider audience.

In Scottish folk tradition, broonies are supernatural helpers around the house. Our linguistic broonie is intended to be an equally useful companion in the classroom. As well as giving examples of current Scots usage, the *Grammar Broonie* text itself is written in colloquial Scots. The language used throughout is mainly Central Scots, but significant regional variations in both spelling and grammar have been discussed in the text and included in the examples and accompanying exercises.

The *Grammar Broonie* is a basic introduction to Scots grammar, and is especially aimed at teachers who want to teach Scots language at upper primary and lower secondary level. It makes no pretence to cover the complexities and regional variations of Scots grammar, but aims to point out some of the grammatical characteristics of Scots and in particular to show where these often differ from standard English usage.

Teachers and pupils can work through the *Grammar Broonie* and the accompanying exercises as a short course on Scots grammar, or can use it as a reference book when they notice a distinctively Scots usage in writing or speech. The *Grammar Broonie* can also be used to teach basic grammatical concepts, like parts-of-speech, plurals and tenses, through the medium of Scots. Full definitions of the Scots words used in the *Grammar Broonie* can be found in the SNDA's *Scots School Dictionary* (1996).

We hope the *Grammar Broonie* will be a useful supplement to the range of Scots language teaching materials now available and will help to show that Scots has a distinctive grammar in addition to its rich vocabulary, spelling and pronunciation.

Acknowledgements

The SNDA would like to thank all the schools and Educational Development Service departments who have helped us with this project. In addition, we would like to thank the following individuals for their advice:

Jim Allan, Sheena Blackhall, John Corbett, Matthew Fitt, Alastair Horne, Andy Hunter, Loraine Kinghorn, Liz Niven, Caroline MacAfee, Jim McGonigal, Rob MacKillop, Dorothy Ramsay, George Reid, James Robertson, Pauline Sangster, Elaine Wyllie.

The SNDA is also grateful for financial support from the Scottish Office and Scottish local authorities, and from the James Wood Bequest Fund.

Contents

Nouns

Plurals

Ye add **–s** or **–es** tae maist Scots nouns tae mak thaim **plural**:

ane aipple	*but*	**a pund <u>aipples</u>**
a sweetie	*but*	**twa <u>sweeties</u>**

But some nouns chynge the hail spellin in the **plural**:

A **NOUN** tells ye wha a bodie is or whit a thing is.

a coo	*but*	**a wheen <u>coos</u>** *or* **a wheen <u>kye</u>**
an ee	*but*	**twa <u>een</u>**
yin fit	*but*	**twa <u>feet</u>**
a shae	*but*	**a pair <u>shuin</u>** (*or* **sheen** in the North)
a wumman	*but*	**twa <u>weemen</u>**

Some fowk yaises **ane**, an ithers **yin** or **wan** for the nummer **1**.
See p.18 for mair aboot nummers.

Words endin in **–f** or **–fe**, like **leaf**, **wife** an **shelf**, juist adds an **–s** in Scots, ie **leafs**, **wifes**, **shelfs** (they chynge tae **leaves**, **wives** an **shelves** in English):

Yon plant's near lost aw its <u>leafs</u>.
We're needin mair <u>shelfs</u> for aw thae buiks.

Whiles *singular nouns* can refer tae mair nor ane thing:
Wid ye like a <u>tattie</u> tae yer tea?

4

Quantities

Words tellin ye aboot measurements or amounts, like **inch**, **fit**, **mile**, **pund** or **year**, dinna chynge their endin in the plural:

> **The bairn'll be three <u>year</u> auld come October.**
> **Ye cud tak the hem up anither twa <u>inch</u>.**
> **We'll be awa for three <u>month</u>.**

BUT! mind an yaise an 's' wi *days*:
> **Ah wis aff three <u>days</u> wi the flu.**

Words describin **hoo much** o something ye're talkin aboot, dinna need **o** efter thaim:

> **a bit breid**
> **a drap mulk**
> **a hauf pund ingans**

Diminutives

A **DIMINUTIVE** is a wee bit thing.

Ye can add **–ie** tae monie Scots nouns tae mak a **diminutive** (something wee-er than afore). Ye'll hear this in fowk's names tae, like **Erchie** or **Jeanie**.

Whiles ye can add **–ock** insteid, or yaise baith endins thegither:

a cat	**a cattie**	
a bit breid	**a bittie breid**	
a lass	**a lassie**	**a lassockie**

> **MIND!**
> Ye can mak diminutives by yaisin the words **wee** or **bit** an aw:
> > **Ah'll juist hae a <u>wee look</u>.**
> > **Gaun gie's a <u>wee shottie</u>.**
> > **Ah'll gie ye a <u>bit ring</u> the morn.**

Ither Suffixes

A **suffix** is an endin. Anither ane ye get for Scots nouns is **–ar**, which (like English **–er**) means 'a bodie that ...'. Sae a **makar** is a bodie that maks poems (in ither words, a poet), an a **cottar** is a bodie that steyed in a ferm cottage. Ye'll get this in fowks' surnames as weel, like **Soutar** (meanin 'shoemaker').

Verbs

Maist Scots verbs chynge their endin tae shaw **person** (*wha's* daein the action) an **tense** (*whan* they're daein it).

Ye'd say: **We'll <u>bring</u> a piece for wir denner.**
     but   **Shona aye <u>brings</u> her ain piece.**
     an   **Ah <u>brocht</u> a piece yesterday.**

> A **VERB** tells ye whit a bodie or thing is daein.

Present Tense

Ye yaise the **present tense** tae describe something that happens continuously. For maist Scots verbs, ye juist need tae add an endin (*-s* or *-es*) tae the verb stem if ye're talkin aboot anither person (the *third person*). Itherwise the verb steys the same:

Ah <u>blether</u> tae ma pal, an she <u>blethers</u> tae me.

Here a hail **present tense** for regular Scots verbs:

1st person:	Ah **greet**	we **greet**
2nd person:	you / ye **greet**	youse **greet**
3rd person:	he / she **greets**	they **greet**

MIND!
In Scots (unlike in English), if ye're talkin aboot twa or mair fowk or things (the *3rd person plural*), ye can add -(*e*)*s* or yaise a *singular* verb like **is** or **dis**:
Ma feet<u>'s</u> gey sair the day.
There<u>'s</u> tatties for thaim that <u>wants</u> thaim.

Except if ye're yaisin a plural pronoun (like **they**) *richt afore the verb* :
How<u>'s</u> yer feet the day? They<u>'re</u> gey sair.

Ye'll get mair aboot **pronouns** on p.16.

For verbs endin wi *–sh, -lch, -nch, -rch* or *–tch*, ye'll need tae add *–es* for the third person:

Ah **fash**   *but*   ma mither **fashes**
we **mairch** *but*   the polis **mairches**

The verbs **see** an **mind** is follaed by **an** afore anither verb:
<u>Mind an dae</u> the messages on the wey hame.
<u>See an lock</u> the door efter ye.
(In English, fowk wud yaise **to**:
    Remember **to** do the shopping.
    Be sure **to** lock the door.)

Present Participle

Ye yaise the **present participle** (alang wi pairts o the verb *be*) tae describe something ye're daein *at the meenit*. In Scots, ye add *–in* tae the verb tae mak the participle :

> **We're juist <u>stertin</u> oor tea.**

BUT!

- if yer verb ends wi *ane consonant* efter *ane vowel*, like *fleg* or *stot*, ye maun double the last letter:

> **The TV's that loud it's <u>fleggin</u> the bairn.**

- ye maun drap the *–e* at the end o verbs that ends wi *-e*, like *come* an *ettle*:

> **That'll be thaim <u>comin</u> up the stair noo.**
> **He's aye <u>ettlin</u> for a shot on ma computer.**

- ye chynge the *–ie-* tae *-y-* for verbs that ends wi *–ie*, like *coorie* an *cairrie*:

> **Ah like <u>cooryin</u> unner the bed-claes.**
> **The postie's <u>cairryin</u> a gey big paircel.**

- for the verb *gae*, ye can yaise **gaun** or **gaein**; yaise **gaunae** tae mean ye're 'gaun tae' dae something:

> **Ah'm <u>gaun</u> up the stair.**
> **Yer tea's <u>gaunae</u> get cauld.**

In some pairts o Scotland, fowk yaises an **–an** endin: **Ah'm <u>scrievan</u> a letter.**
But they yaise **–in** if the word is a *noun*, no a *verb*: **Ah canna read it, the <u>scrievin's</u> that bad.**

This endin wis yaised in Aulder Scots (see p. 22).

Past Tense & Past Participle

Ye yaise the **past tense** tae describe things ye've *aready done*. The **past participle**, yaised efter the verb *hae* (or *hiv*), taks the same form. For maist Scots verbs, ye add *-it* or *-t* tae the verb stem (or whiles *-ed*, like in English):

> **The watter <u>skoosht</u> aw weys.**
> **We <u>steyed</u> fower year in Dundee.**
> **Ah've <u>pentit</u> oor lobby 'pea green'.**

BUT!

- some verbs endin in *-ll*, like *tell* an *dwall*, drap ane o the 'l's tae mak *–elt* :   **Ah telt ye.**

- for verbs endin wi *-le*, like *fankle*, *ettle*, *hirple* an *pauchle*, ye need tae chynge the endin tae *-elt* :

> **Yon cassette tape's no workin – the tape's aw <u>fankelt</u>.**

> **MIND!**
> Yaise the *past participle* efter *need* or *want* :
> **Thae tyres want <u>checked</u>.**
> (fowk wud say *need checking* in English)
> **Ma pincil's needin <u>shairpent</u>.**

Future Tense

Ye yaise the **future tense** tae describe things happenin *in the future*. In Scots, ye pit **will** or **wull** afore the verb, or shorten it tae **'ll** :

<u>Will</u> Ah <u>open</u> it for ye?
Whit <u>wull</u> we <u>dae</u> the morn?
Ah<u>'ll</u> <u>be</u> at hame the nicht.

In English, some fowk yaise **shall** tae mak a future tense. But if fowk say **shall** or **sall** in Scots, they're bein gey assertive an tellin ye they're daein (or no daein) something *for sure* :

We <u>shallna</u> dae it!

Irregular Verbs

Some verbs (cried **irregular verbs**) arena sae douce-like an chynge their spellin tae mak the past tense an past participle. Ye canna predick whit irregular verbs'll dae — ye'll juist hae tae lairn thaim fae the table ablow!

verb	English	past tense	past participle
bake	(bake)	*beuk* **NORTH-EAST**	*baken*
be	(be)	*wis, wes, wus, wur, war*	*been*
beat, **bate**	(beat)	*bate*	*bate*
bide	(stay)	*bidit, bad*	*bidit, bidden*
big	(build)	*biggit, bug*	*biggit*
birst	(burst)	*burstit*	*burstit, bursten, bursen*
brak, **brek**	(break)	*brak*	*brukken*
bring	(bring)	*brung, brang, brocht*	*brung, brocht*
burn	(burn)	*brunt*	*brunt*
can	(can)	*cud*	
cleek	(seize)	*cleekit, claucht*	*cleekit, claucht*
come	(come)	*cam, came, come*	*cam, came, come*
creep	(creep)	*creepit, crap*	*creepit, cruppen*
dae, **dee**	(do)	*done, duin*	*done, duin, deen* **NORTH-EAST**
ding	(knock)	*dang, dung*	*dung*
drive	(drive)	*drave, dreeve* **NORTH-EAST**	*drave, dreeve* **NORTH-EAST**
drink	(drink)	*drunk*	*drunk*
eat	(eat)	*ett*	*ett, etten, aten* **SOUTH-WEST**
fecht	(fight)	*focht*	*focht, fochten*
fin, **find**	(find)	*fund, fun*	*fund, fun*
gae, **gang**	(go)	*gaed, gied*	*gane, geen* **SHETLAND, ORKNEY, NORTH**
gie	(give)	*gied*	*gied, gien*
greet	(cry)	*grat, gret*	*grat, gret, grutten*
grup	(grip)	*gruppit*	*gruppit, gruppen*
hae, ha, hiv	(have)	*hid, hud, haid*	*hid, hud, haid, haen*
hing	(hang)	*hingit*	*hingit*
hit	(hit)	*hut, het, hat*	*hut, hutten, hitten*
ken	(know)	*kent*	*kent*
leap	(leap)	*lap, lape, leapit*	*luppen, leapit*
lowp	(jump)	*lowpit*	*lowpit, lowpen*
may	(may)	*micht*	*micht*
pit	(put)	*pit, pat*	*pit, pitten, putten*
pruive	(prove)	*pruivit*	*proven*

quit	(quit)	*quat, quate*	*quat*
rin	(run)	*run*	*run*
sall, **shall**	(shall)	*shud, sud* SHETLAND, *sid* NORTH-EAST, *shid* NORTH-EAST	
see	(see)	*seen, seed*	*seen*
seek	(seek)	*socht*	*socht*
sell	(sell)	*selt, sald* SHETLAND	*selt, sald* SHETLAND
set	(set)	*set*	*setten*
shae	(shoe)	*shod, shoad*	*shoddit*
shuit, **shoot**, **sheet** NORTH	(shoot)	*shuitit, sheetit* NORTH-EAST	*shotten, sheetit* NORTH-EAST
sit	(sit)	*sut*	*sitten, sutten*
slide	(slide)	*slade, sled*	*slidden*
speak, **spike** NORTH-EAST, **spick** NORTH-EAST	(speak)	*spak*	*spoken*
steal	(steal)	*staw, sta, stealt*	*stowen, stealt*
stick	(stick, stab)	*stack, stickit*	*stucken, stickit*
strik	(strike)	*strak*	*stricken, strucken*
sweer	(swear)	*swure, sware*	*sworn*
sweit, **swite** NORTH-EAST	(sweat)	*swat*	*swatten*
tak	(take)	*taen, teen* SHETLAND, NORTH	*taen, teen* SHETLAND, NORTH, *tacken, tooken*
teach	(teach)	*taucht, teacht*	*taucht, teacht*
think, **tink** SHETLAND	(think)	*thocht, tocht* SHETLAND	*thocht, tocht* SHETLAND
thraw, **thraa** ORKNEY, NORTH, **traa** SHETLAND	(throw, twist)	*thrawed, thraad* ORKNEY, NORTH, *traad* SHETLAND	*thrawn, thraan* ORKNEY, NORTH *traan* SHETLAND
tyne	(lose)	*tint*	*tint*
wash	(wash)	*washt, weesh*	*washt, washen*
will, **wull**	(will)	*wad, wud, wid*	
weet, **wat**	(wet)	*wat, weetit*	*wat, weetit*
win	(get)	*wan*	*won*
write, **vreet** NORTH-EAST	(write)	*wrait, wrut, vrat* NORTH-EAST	*wrutten, vrutten* NORTH-EAST
wark, **wirk**, **wurk**	(work)	*wrocht*	*wrocht*

Some *irregular* English verbs, like **keep** an **tell**, is *regular* in Scots:
Ah <u>telt</u> ye. (*English*: I told you.)
Ah've <u>keepit</u> a seat for ye.
(*English*: I've kept a seat for you.)

Negative Verbs

There's twa weys tae mak a verb **negative** in Scots.

1) Yaise **no**   if ye're speirin: **Can ye no gie's a haund?**
                or for emphasis: **'It's ma shot.' 'It is no!'**

2) For pairts o the verbs *be, can, dae, daur, hae* (or *hiv*), *maun, shall (or sall)* an *will* (or *wull*), ye add **-na** or **-nae** richt efter:

> It **wisna** me that telt her.
> Ah **cannae** be daein wi yon fowk.
> **Dinna** be daft!
> He **hisnae** a clue aboot computers.
> Ye **shudna** fash yersel.
> They **wullna** ken yer new address.
> Ah **widnae** be surprised.

> Ye'll get the pairts o irregular verbs on p. 8 an p. 9.

3) Yaise **no** efter *contractions* o the verbs *be, hae* (or *hiv*) or *will* (or *wull*):

> The film **isnae** that bad. *but* The film**'s no** that bad.
> Ah **hivnae** got chynge for the bus. *but* Ah**'ve no** got chynge for the bus.
> Ye **wullna** can get a bus efter midnight. *but* Ye**'ll no** can get a bus efter midnight.

> Tae say ye canna dae something at aw, yaise **nane: Ah can sing nane.**

BUT!
- For the verb **maun** ye'll juist need tae add a single 'n' :
    Ah mauna forget ma glesses.

- For the verb *dae*, yaise **dinna** (or **dinnae**) for the *present tense*, except tae talk aboot a *third person*:
    Ah dinnae ken an ma brither disnae ken.
    For mair emphasis, ye can yaise **divna** (or **divnae**) an aw:
        'Ye ken whit tae dae.' 'Ah divna!'

- Insteid o **willna** (or **willnae**), or **wullna** (or **wullnae**), ye'll sometimes get **winna** (or **winnae**) or **wunna** (or **wunnae**):   **Ye winnae be late, will ye?**

- Insteid o **hivna** or **hivnae**, ye'll sometimes get **hinna** or **hinnae** :   **Ye hinna got a clue.**

Adjectives

Ye can add -*lik*, -*like* or –*fu* tae some Scots words tae mak an **adjective**. Sae **bairnlike** means 'like a bairn', and **sorrafu** means 'fu o sorra'. And ye can add –*some* tae ither adjectives tae mak new yins like **forritsome** an **lichtsome**.

An **ADJECTIVE** tells ye whit a bodie or thing is like.

Comparatives

A **comparative** tells ye something is mair or less than anither thing. Add **-er** or **-r** tae maist adjectives tae mak a comparative. Mind an drap the –*e* for adjectives that ends wi –*e*, like *bonnie* :

> **Ah've a wee sister an an <u>aulder</u> brither.**
> **Yer gairden's leukin <u>bonnier</u>.**

Tae say something is a guid bit mair, yaise *hantle* as weel:
> **It's a <u>hantle</u> <u>caulder</u> the day.**

When comparin twa **adjectives**, or twa **nouns**, pit '**...nor...**' atween thaim :
> **Yon cairpet's <u>wider</u> <u>nor</u> <u>lang</u>.**
> **Some fowk hae mair <u>money</u> <u>nor</u> <u>sense</u>.**

Superlatives

A **superlative** tells ye something is the maist or the least o its kind. Ye add -*est* or -*st* tae maist adjectives tae mak a *superlative*:
> **Yon's the <u>daftest</u> thing Ah ivver heard.**
> **Hoo did ye gie me the <u>wee-est</u> bit cake?**

MIND!
Some adjectives chynge the hail word, no juist the endin, for a *comparative* or *superlative* :
> **'Is that tea onie better?' 'Naw, it's <u>warse</u>. It maun be the <u>warst</u> cup o tea ivver.'**

Ithers (like thaim that ends wi -*like* or -*some*) dinna chynge at aw, an ye need tae pit *mair* or *maist* afore thaim:
> **The bairn's gettin <u>mair</u> <u>fykie</u> aboot eatin.**
> **O aw the jobs, yon wis the <u>maist</u> <u>scunnersome</u>.**

Demonstratives

A **demonstrative** adjective tells ye which o a chice o things ye're talkin aboot.

For things near aboots, yaise **this** or (for twa or mair things) **these** or **thir**.
For things a wey aff, yaise **that** (or **at** in the North), or (for twa or mair things) **thae**.

> **This** aipple's saft. Gie's ane o <u>thae</u> green yins insteid.
> Gie's een o <u>at</u> biscuits!

For things faurer awa, yaise **yon** or **thon**:

> Is this no yer car? Naw, it's <u>yon</u> reid yin ower the road.

An ye dinna need a verb efter **here**, **there** or **yon**, whan ye're meanin 'here is' or 'there is':

> <u>Here</u> the buik Ah wis tellin ye aboot.
> <u>There</u> the toun centre.

Possessives

A **possessive** adjective tells ye wha something belangs tae. If a ba belangs tae:

masel	it's <u>ma</u> ba (or **baw**)
yersel	it's <u>yer</u> ba (or **baw**)
yer sister	it's <u>her</u> ba (or **baw**)
yer brither	it's <u>his</u> ba (or **baw**)
me an ma freend	it's <u>oor</u> ba (or **baw**) or it's <u>wir</u> ba (or **baw**)
you an yer freend	it's <u>yer</u> ba (or **baw**)
ither fowk	it's <u>their</u> ba (or **baw**)

> **MIND!**
> Ye yaise *possessives* in Scots whaur ye wudna yaise thaim in English.
> > **Whit're ye gettin for <u>yer</u> Christmas?**
> > *(in English, 'What are you getting for Christmas?')*
> > **Ah'm awa tae ma bed.**

Coorse, ye cud yaise a **possessive pronoun** an say:

> The ba's <u>mines</u>! (or **the baw's mines!**)
> *or*   It's <u>yours</u>! (**it's dine** in Shetland, **it's thine** in Orkney)
> It's <u>his</u>! It's <u>hers</u>!
> It's <u>oors</u>! It's <u>wirs</u>!
> It's <u>theirs</u>!

> Ye'll get mair aboot **pronouns** on p.16.

Adverbs

Ye can pit *–lie* or *–ly* ontae some Scots adjectives tae mak an **adverb**. Mind an drap the *–e* for adjectives that ends wi *–e*, like *bonnie* :

> **Abodie thocht ye sang <u>bonnily</u>.**
> **Hoo are ye daein, like? <u>Brawlie</u>!**

But for ither words, ye dinna need tae chynge the endin at aw:

> **Ye feenisht yer denner awfie <u>quick</u>.**
> **Ah cud hae gien ye a lift <u>easy</u> if ye'd telt me.**
> **Yon drawer's <u>near</u> fu wi junk.**

> An **ADVERB** tells ye whit wey ye dae something.

The adverb *gey* gaes afore an adjective, by itsel or efter *an* :

> **That wis <u>gey</u> <u>daft</u> o youse.**
> **It's <u>gey an</u> <u>cauld</u> the day.**

> Insteid o *gey an cauld*, ye cud say **awfie cauld**, **fell cauld** or **bonnie an cauld**.

Yaise **that** as an adverb meanin 'so':
> **Ah wis <u>that</u> tired Ah went straight tae ma bed.**
> **Ye'll need a hat, it's <u>that</u> nippy the day.**

> **Mind**! This isna the same as the informal English yaise o 'that' meanin 'very':
> *I'm not feeling that hungry.*

Prepositions

Ye'd be gey stuck for things tae dae athoot prepositions. Ye need thaim tae:

*wheech **up** an **doon** a rollercoaster*
*birl **roond** a lamp-post*
*rollerblade **alang** the grund*
*heidie a ba **ower** the post*
*gae **ben** the hoose*
*coont the starns **abuin** yer heid*
*drap yer spuin **ablow** the table*
*feel the sand **atween** yer taes*
*coorie **unner** the bedclaes*
*plash **throu** a puddle*
*skiff a stane **abuin** the watter*
*gae **furth o** Scotland*
*mak freens **ootwith** the scuil*
*dream **aboot** yer hoalidays*
*no get up **afore** nuin*

> A **PREPOSITION** tells ye whaur ye are or whaur a thing is, which direction ye're gaun in, or whit time ye dae something.

> Yaise **anent** when ye're scrievin a letter:
> **anent yer inquiry**
> **anent ma application**

Ye micht yaise a different **preposition** in Scots fae in English:

It's a quarter <u>efter</u> ten aready.　　[English: quarter *past*
　　　　　　　　　　　　　　　　　　　　　– But mind, fowk say 'quarter after' in America an aw!]

Wull ye tak a biscuit <u>till</u> yer tea?　[English: *with* your tea]
He's feart <u>for</u> ma big sister.　　　　[English: afraid *of*]
Get <u>oot</u> the road, wull ye!　　　　　[English: get *out of* the way]

and some things ye can juist say in Scots:

Ma boss'll be <u>at</u> me for bein late.
She's aye <u>on</u> <u>aboot</u> something.
Ah cud scarce speak <u>wi</u> the cauld.

> **Come** is yaised as a preposition in Scots:
> **We get peyed a week <u>come</u> Friday.**

Articles

The Scots **definite article**, *THE*, is gey gallus an turns up whaur ye'd no see it in English.
It's yaised afore *times*, *places* an *institutions*, *jobs* an *hobbies*, an *diseases*:

> **Ah'll see ye <u>the morn</u>, then.**
> **Hoo are ye no at <u>the scuil</u> the day?**
> **Ma sister's gaun tae <u>the uni</u> nixt year.**
> **He's taen a fancy for <u>the fishin</u>.**
> **Ah doot the bairn's got <u>the cauld</u>.**

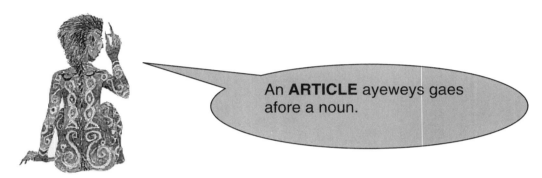

An **ARTICLE** ayeweys gaes afore a noun.

Like in English, the *indefinite article* is **a** afore a consonant an **an** afore a vowel. But ye'll hear fowk yaise **a** in baith places as weel:

> **Ah'll hae fower butteries, a crumpet an <u>a</u> <u>aipple</u> <u>tert</u>.**

> **MIND!**
> Dinna yaise **ANE** for an **indefinite article**, else ye'll soond gey leeterarie! It wis yaised in Aulder Scots (see p. 22), but no the day.
>
> Ye can yaise it as a **nummer** tho (see p. 18).

Pronouns

Ye yaise a **pronoun** insteid o a noun or a bodie's name. Wioot thaim, ye'd aye be sayin fowk's hail name, an ye'd be suin scunnert. Juist as weel ye can yaise thae pronouns insteid:

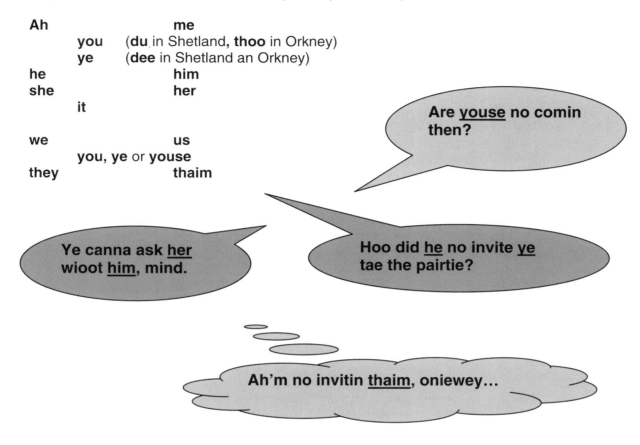

Ah	**me**
you	(**du** in Shetland, **thoo** in Orkney)
ye	(**dee** in Shetland an Orkney)
he	**him**
she	**her**
it	
we	**us**
you, ye or **youse**	
they	**thaim**

Are <u>youse</u> no comin then?

Ye canna ask <u>her</u> wioot <u>him</u>, mind.

Hoo did <u>he</u> no invite <u>ye</u> tae the pairtie?

Ah'm no invitin <u>thaim</u>, oniewey…

> **MIND!**
> Yaise **you** whan ye're emphasizin the pronoun:
>   **Wis it no <u>you</u> that telt me?**
>
> Else, yaise the unstressed form, **ye**:
>   **Ah telt <u>ye</u> no tae come the day.**

For yersel an anither, yaise *me an …*
   <u>Me an ma brither</u> cudna come onie road.

An yaise **thaim that** tae mean 'thae fowk that':
   There's mulk on the table <u>for thaim that</u> wants it.

Ye'll hear fowk say 'that's me!' or 'is that you, then?' meanin 'Ah'm feenisht' or 'are ye ready?'

Reflexive Pronouns

Yaise thae **reflexive pronouns** insteid o repeatin a noun or a pronoun:

masel	**oorsels** or **wirsels**
yersel	**yersels**
himsel	
hersel	**theirsels**
itsel	

Dae ye ken thae phrases wi reflexives in Scots?

> **Ye <u>missed yersel</u> at the pairtie.**
> **Ah've <u>seen masel</u> walk three mile a day.**
> **Ah canna hear ye if ye <u>speak intae yersel</u>.**

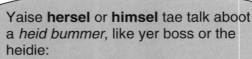

> Yaise **hersel** or **himsel** tae talk aboot a *heid bummer*, like yer boss or the heidie:
> **That'll be <u>hersel</u> arrivin noo.**

Relative Pronouns

In Scots, ye yaise the **relative pronouns** *that* (or *at* in the North) an *whilk* (or *filk* in the North-East):

> **Is that no her <u>that</u>'s on the telly?**
> **Whaur thae stamps <u>that</u> ye bocht?**

Whiles ye can miss thaim oot athegither:
> **See that program wis on the telly last nicht?**

> A **RELATIVE PRONOUN** tells ye *wha* or *whit* is daein something.

> ## MIND!
>
> Yaise **that** (**at** in the North) afore baith fowk an things.
>
> Dinna yaise **wha** or **whae** athoot ye're speirin (eg **wha stole yer scone?**).
>
> Sae dinna say '**Scots wha hae…**' if ye're ettlin tae speak Scots!
>
> Ye'll see whit wey tae yaise **wha** an **whae** on p.19.

Numerals

The **nummer 1** is **ane**, **yin** or **wan** in Scots, dependin on whaur ye come fae:

> Ah've loast <u>ane</u> o ma new pair earrings.
> Which <u>yin</u> are ye wantin?
> It's <u>wan</u> o the best restaurants in the toun.

> For mair emphasis, yaise **ae** (or **yae** in the South):
> **Tomaties is the <u>ae</u> thing he winna eat.**

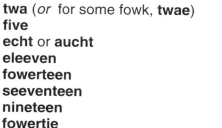

Here the ither nummers fae 2 tae 100:

twa (*or* for some fowk, **twae**)	**three**	**fower**
five	**sax**	**seeven**
echt or **aucht**	**nine**	**ten**
eleeven	**twal**	**therteen**
fowerteen	**feifteen**	**saxteen**
seeventeen	**echteen** or **auchteen**	
nineteen	**twintie**	**thertie** or **threttie**
fowertie	**fuftie**	**saxtie**
seeventie	**echtie** or **auchtie**	
ninetie	**a hunner**	

> **MIND!**
> Dinna yaise a **plural** efter a **numeral** if it's measurements ye're talkin aboot:
> **It's twa <u>mile</u> tae the shops.**
> **The messages wis ten <u>pund</u>.**

Conjunctions

Conjunctions is like glue jinin ane sentence tae anither yin. Here some Scots anes:

afore	**an**	**as**	**athoot**	**but**	**efter**
gin	**hoo**	**if**	**or**	**sae**	**seein as**
syne	**tho**	**whan**	**whaur**	**wioot**	

An they can fair impruive yer scrievin! This gey fushionless story disna yaise conjunctions at aw:
> **Ah ett ma breakfast. Ah went ootside. It hid snawed. Ah makkit a snawman.**

Here the same story jined up wi **conjunctions**:
> **Ah wis ettlin tae mak a snawman, <u>seein as</u> it hid snawed the nicht afore,**
> **<u>sae</u> Ah ett ma breakfast quick <u>an</u> wis suin ootside makkin a stert tae't.**

Try speakin athoot conjunctions for a whilie. It's gey hard, an ye'll suin stert tae soond **like a robot** !!

Interrogatives

Interrogatives is yaised for speirin at fowk. Ye can yaise onie o thae words for speirin in Scots:

hoo	(**foo** in the North-East)
wha or **whae**	(**fa** in the North-East)
whause or **whase**	(**fause** in the North-East)
whan	(**fan** in the North-East)
whaur or **whar**	(**far** in the North-East)
whit	(**fit** in the North-East)
whitna	(**fitna** in the North-East)
whatna	(**fatna** in the North-East)
whit like	(**fit like** in the North-East)
whit wey	(**fit wye** in the North-East)

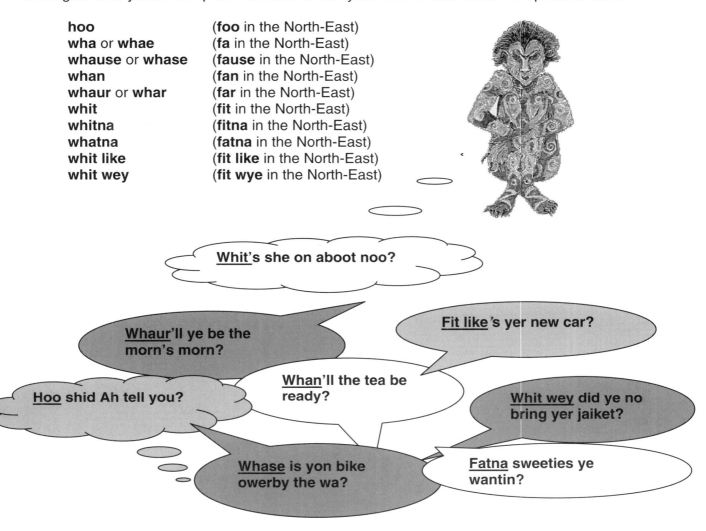

Whit's she on aboot noo?

Fit like's yer new car?

Whaur'll ye be the morn's morn?

Whan'll the tea be ready?

Whit wey did ye no bring yer jaiket?

Hoo shid Ah tell you?

Whase is yon bike owerby the wa?

Fatna sweeties ye wantin?

MIND!

There's ither weys tae speir at fowk if ye're askin a simple question (an expectin an answer **aye** or **naw**).

- Maist times, ye pit the verb **dae** afore the subjeck o yer main verb:
  '**Dae** ye ken the laddie?' 'Naw, Ah dinnae.'
  '**Did** ye mind the messages?' 'Ah did juist!'

- if ye're yaisin the verbs *be, can, maun, shall* (or *sall*), *will* (or *wull*), juist pit thae verbs afore yer subjeck:
  Are ye feenisht?
  Can ye gie's a haund?
  Wull youse be leavin the morn?

- Ye can yaise baith weys o speirin wi the verb *hae* (or *hiv*):
  Hiv ye the time?   *or*   **Dae ye hae the time?**

  Ye'll get mair aboot verbs on pages 6-10.

Exclamations

If ye're wantin tae say yer thochts lood oot, ye'll need tae ken yer Scots exclamations !!

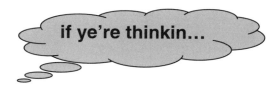

if ye're thinkin...

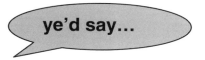

ye'd say...

Ah dinna believe ye!	**awa wi ye!** **toots!** **yer grannie!**
Ah disagree!	**hoot!**
Ah'm puggelt!	**hech!**
Be careful! Be patient!	**ca cannie!** **huilie!**
Be quiet!	**hish!** **wheesht!**
Come on!	**gaun yersel!**
That's amazin!	**michtie!** **fegs!**
That's disgustin!	**feech!**
Whit a scunner!	**ach!** **och!**

Idioms

Idioms ayeweys means mair than their leeteral meanin. An it's gey hard tae translate thaim intae anither language. Cud ye say thae things in English athoot a lang rigmarole?

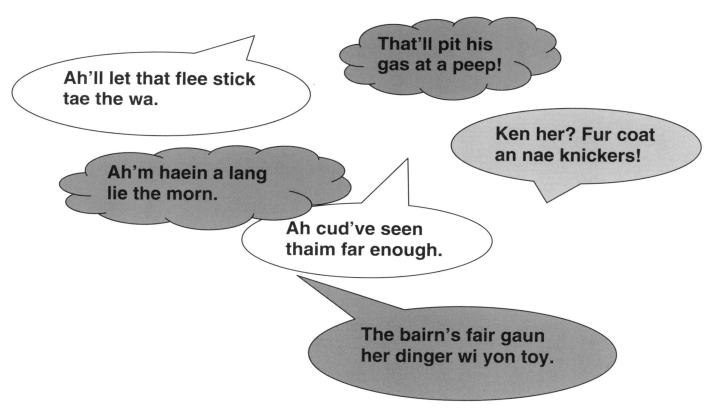

Ah'll let that flee stick tae the wa.

That'll pit his gas at a peep!

Ken her? Fur coat an nae knickers!

Ah'm haein a lang lie the morn.

Ah cud've seen thaim far enough.

The bairn's fair gaun her dinger wi yon toy.

Scrievin in Scots

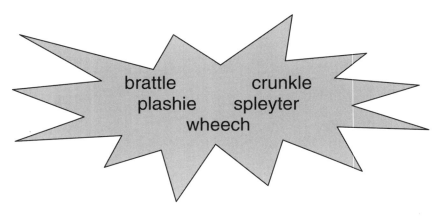

brattle   crunkle
plashie   spleyter
wheech

Thae Scots words soonds like whit they mean. Yaisin a word that soonds like its meanin is cried *ONOMATOPOEIA*.

Scots is braw for *ALLITERATION* an aw. This means yaisin words aw stertin wi the same soond:

> Ah'm <u>s</u>air <u>s</u>cunnert wi <u>s</u>kitterin aboot.
> Yon's a <u>g</u>ey <u>g</u>allus <u>g</u>adgie.

Yaise baith **onomatopoeia** an **alliteration** tae bram up yer scrievin in Scots!

APOSTROPHES (like ') in Scots scrievin shaw whaur a letter's missin fae a word, like in **e'en** (for even) or fae twa words that's jined thegither, like **Ah'm** or **whaur's**.

But **apostrophes** can tell ye hoo tae say a word as weel. The word **fa'in** wud be gey confusin athoot the apostrophe, an the apostrophe in **dee'd** tells ye it disna soond the same as **deid**.

> ## MIND!
> Dinna pit apostrophes efter Scots words like **o**, **awa** or **daein**. There's nae letters missin fae thae words in Scots (they're just shorter than the English anes)!

SYNONYMS is words meanin *amaist the same thing*. For instance, insteid o the word *wee*, ye cud yaise *sma*, *scootie* or *tottie*: thae words is aw **synonyms** o *wee*. **Synonyms** fair mak yer scrievin mair interestin.

Here some ither synonyms:

> Ye can mak *wee* things a bittie *wee-er* by addin **synonyms**:
>
> **tottie wee feet**
> **a scootie wee room**

braw	=	**barrie, gallus, peesie**
bowfin	=	**mingin, smeekie**
clartie	=	**mirkie, creeshie, clatty, barkit**
slaister	=	**plowter, slitter, platch**

Readin Aulder Scots

In **Aulder Scots** poems an sangs, ye'll see grammar gey like modren Scots. But whiles the words or endins is spelt a bittie different.

Here some things tae leuk for in yer readin:

The endin **-is** is a **plural** endin, like **–s** an **–es** the day. An ye say it juist like an **-s** or **–es** an aw, sae **bairnis** an **makaris** soonds like **bairns** an **makars**.

The word **ane** is the **indefinite article** (see p. 15), an soonds like **a** or **an**. Ye'll hear **ane** nooadays an aw, but juist as a **nummer** (see p. 18).

The endin **–an** or **–and** for a **verb** means the same as **–in** the day, sae **scrievand** juist means **scrievin**. Ye'll still hear the -**an** endin in some pairts o Scotland the day (see p. 7).

Some interrogatives (see p. 19) spelt **wh-** the day, is spelt wi **quh-** insteid. Sae **quha**, **quhan** an **quhat** means the same as **wha**, **whan** an **whit**.

Broonie Exercises

Hi. Ma name is **Teen Broonie** an I'm a **magic bogle** that kens aw the words o the Scots language.

A **broonie** is a wee craitur that flits aboot the world helpin fowk.

Some **broonies** is awa oot on the roch seas, makkin sure fishermen come hame safe. Ither broonies creep aboot on ferms, pouin wee lambies oot o snawdrifts an seein that the coos' milk doesnae turn soor.

A **broonie**'s job is tae help fowk an I'm here tae help aw o youse learn hoo tae write in Scots.

An a **broonie** helps awbodie.

So if ye're a bairn or a wean, a child or a young adult, I'm awfie pleased tae meet ye. If ye're a puir hard-workin dominie or a heidteacher wi a muckle desk, come awa ben an jine the fun. If ye bide in the toun or if ye stey oot in the country, **Broonie**'s no bathered his bahoochie. I'm juist gled ye're gaunae hae a shot at learnin hoo tae write in Scots.

But afore we stert, you maun dae three gey important things.

- ✓ **Yin** – clear the tatties oot yer lugs so that ye're ready tae listen.
- ✓ **Twa** – boak oot onie jube-jubes, grannie sookers an soor plooms that might be in yer mooth so we can aw hear yer bonnie voice properly.
- ✓ An **three** – mak sure that yer pincil is shairp an ready tae write wi.

Are youse aw redd up? Guid. Noo, pey attention. I dinna want oniebodie bletherin tae their neibour, or gawkin oot the windae, or howkin wee mannies oot their neb an chowin them.

Listen tae awthing Broonie says, an the first thing Broonie says is :

' Open yer lugs! '

Nummers

A   **lugs** an **mooth**

Can you coont tae 10 in Scots?

B   **scrieve**

Noo that ye've got thae nummers in yer heid, hoo wid ye write them doon?

C   **lugs** an **mooth**

1   ane   yin   wan   een

(Wi nummer **1** in Scots, ye hae a chice. Which word dae **you** feel maist comfortable wi?)

2   twa   twaw   twae

(Which o these words is maist like the wey **you** say **2** ?)

3   three

4   fower

5   five   fev

(Which o these words is maist like the wey **you** say **5** ?)

6   six   sax

7   seeven

8   echt

9   nine

10   ten

Broonie says...
'Nummers in Scots is **nae bather**. Whit dae fowk say whaur you come fae?'

Hoo monie are there? Use the words in the **Word Kist** on the nixt page tae help ye.

eg = *fower* lassies

a)  = _____ _____

b) 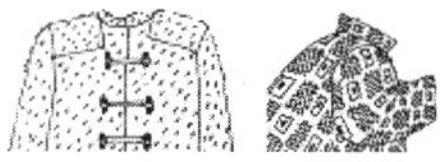 = _____ _____

c) 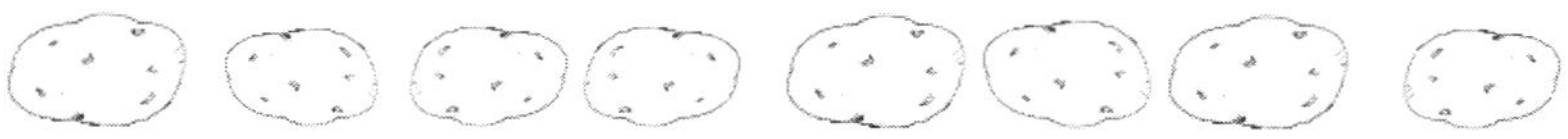 = _____ _____

d) = ____ _____

e)  = _____ _____

f)  = _____ _____

g)  = _____ _____

h)  = _____ _____

i)  = _____ _____

j)  = _____ _____

k)  = _____ _____

l)  = _____ _____

m)  = _____ _____

n)  = _____ _____

o)  = _____ _____

p)  = _____ _____

q)  = _____ _____

r) = _____ _____

aipples, banes,
broonies,
clootie dumplins,
fitbas, flooers, grannie, ghaist, gutties, hauns,
hooses, loveherts, jaikets, nebs, saumon, speeders,
tatties, windaes

Hoo monie craiturs can you see in the picter?

Write doon whit ye see, usin the **Word Kist** below tae help ye.

bawkies, coos,
corbies, craws,
cuddies, dugs,
midgies, mowdies,
puddocks

Mair than 10

11 – eleeven   12 – twal   13 – thirteen

14 – fowerteen   15 - fifteen   16 - saxteen

17 – seeventeen   18 – echteen   19 – nineteen

20 – twintie   30 – thertie   40 – fowertie   50 – fuftie

60 – saxtie   70 – seeventie   80 – echtie   90 – ninetie

100 – a hunner   200 – twa hunner

500 – five hunner   700 – seeven hunner

1000 - a thoosan   2000 - twa thoosan

5000 – five thoosan   7000 - seeven thoosan

Exercise Three   coont an scrieve

Wi yer pairtner, hae a shot at writin oot these **nummers** in Scots:

a) 11   b) 17   c) 21   d) 37   e) 48   f) 70

g) 88   h) 97   i) 103   j) 173   k) 228   l) 321

m) 411   n) 560   o) 782   p) 801   q) 1012   r) 1700

s) 2119   t) 7457   u) 8888   v) 5005   w) 10000

x) 20000   y) 34580   z) 77777

a) In the sang, **hoo monie** craws were sittin on the wa?

b) In the medieval poem, **hoo monie** corbies were there makkin 'a mane' ?

c) Robert Burns wrote a poem aboot dugs. **Hoo monie** dugs? Whit were they cried?

d) **Hoo monie** 'hungry weans' appear in the 'Jeelie Piece' Sang?

Nouns

A **NOUN** is a namin word. It gies a person or a thing a name.

There's twa kinds o **NOUNS** tae learn:
   COMMON Nouns an **PROPER** Nouns.

COMMON NOUNS dinna stert wi a capital letter. They tell ye the name o a thing or an object, *eg*
   aipple, breid, craw, dug, ee, flooer

but

PROPER NOUNS ayewis sterts wi a capital letter. They tell ye the name o a person or a place, *eg*
   Aiberdeen, the Barras, Cha, Dumfries, Erchie, Glesca

Exercise Five

Mak **twa leets** – ane for COMMON NOUNS an the ither for PROPER NOUNS. Decide if the follaein nouns are **common** or **proper**, an pit them intae the richt leet.

1. craw
2. kirk
3. Aiberdeen
4. watter
5. Glesca
6. pinkie
7. haggis
8. cullen skink
9. breeks
10. oxter

11. midgie
12. Auld Reekie
13. Rab
14. doo
15. Lanimers
16. dug
17. Katie
18. Kylie
19. Burns Supper
20. mither

21. neep
22. Kelsae
23. Tam
24. Quasim
25. Ainster
26. polisman
27. bogle
28. bunnet
29. gowf stick
30. heid

31. Langstane Kirk
32. stane
33. Kilmarnock
34. clootie dumplin
35. Forth Road Brig
36. Pele
37. Hampden Park
38. Hogmanay
39. Diwali
40. Scottish Fitba Assoc.

Exercise Sax

In groups, try an come up wi as monie **Scots proper nouns** as possible.

Teen Broonie says:

Crabbit Broonie says:

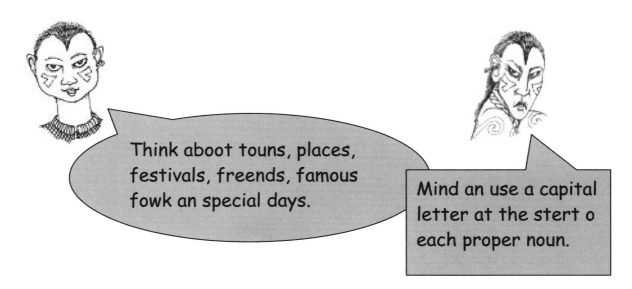

Think aboot touns, places, festivals, freends, famous fowk an special days.

Mind an use a capital letter at the stert o each proper noun.

NOUNS – Makkin the plural

Nouns can either be **SINGULAR** or **PLURAL**.

SINGULAR means that there's juist YIN o a thing,
eg

> **a dug, a puddock, a freend, a ghaist**

PLURAL means that there's mair than YIN,
eg

> **twa dugs, three puddocks, twintie freends, echtie-echt ghaists**

Exercise Seeven   scrieve

A. Tae mak the plural, ye hae tae add   *eg*   jaiket →   jaikets

1. gairden	6. dochter	11. neep	16. bannock	21. wean	26. flair
2. lum	7. licht	12. sodger	17. slaver	22. dub	27. bunnet
3. mooth	8. dirk	13. brither	18. brig	23. kirk	28. blether
4. haun	9. burn	14. oxter	19. caur	24. hunner	29. cleg
5. lug	10. provost	15. toun	20. ashet	25. midden	30. groset

B.   Whiles, a noun ends wi the letter **-e**. *Dinna panic.* Juist add **-s** like afore. *eg* hoose → hoose**s**.

1. hame	4. dyke	7. aipple	10. piece	13. windae
2. bane	5. byre	8. bogle	11. nieve	14. scone
3. stane	6. byke	9. fairnytickle	12. brae	15. poke

C. Whiles, a singular noun can end in –ie.

Dinna greet. Again, juist add *eg* lassie → lassie**s**.

1. laddie	**4.** guttie	**7.** blackie	**10.** lintie	**13.** stookie	**16.** smokie
2. tattie	**5.** pinkie	**8.** spuggie	**11.** grumphie	**14.** peenie	**17.** tumshie
3. mowdie	**6.** bawkie	**9.** hurdie	**12.** cuddie	**15.** sheltie	**18.** grannie

EXCEPTIONS

Teen Broonie says, 'Ah love exceptions. Exceptions are braw. Exceptions are words that nip awbodie's heids because they dinna follae the rules. Juist like me. '

 yin **ee**   *but*   twa **een**

 wan **coo**   *but*    twae **kye**

 ane **shae**   *but*   twa **shuin**

32

1.

Hoo monie **kye** does Fairmer Broon hae in his field?

2.

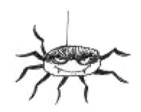

Hoo monie **een** has an ettercap got?

3.

Hoo monie **shuin** are in Mr Soutar's shop windae?

4.

Cousin Broonie is **eleeven** year auld, an Teen Broonie is **twa** year aulder than her. Teen Broonie's birthday's the morn.
Hoo monie **dumps** should Cousin Broonie gie him?

MAIR EXCEPTIONS

Whiles, ye dinna need tae add S tae some plural nouns in Scots. Words that tell ye aboot **measurements** or **amoonts** stey the same in the plural as in the singular.

1 inch → 2 inch   1 fit → 2 fit   1 mile → 2 mile

1 pund → 2 pund   1 kilo → 2 kilo

1 month → 2 month   1 year → 2 year

Exercise Nine

Scrieve in sentences

1. Hoo auld is the bairn? *eg* The bairn is three year auld.

a)   b)   c)

d)   e)   f)   g)

h)   i)   j)

2. Hoo tall is the laddie? *eg* 5' 7" – The laddie is five fit seeven inch tall.

a) 4' 10"   b) 6' 4"   c) 5' 1"   d) 3' 5"   e) 4' 7"
f) 5'   g) 6' 2"   h) 5' 6"   i) 3' 2"   j) 7'

3. Whit's in the message bag?

eg   There's twa pund aipples in the message bag.

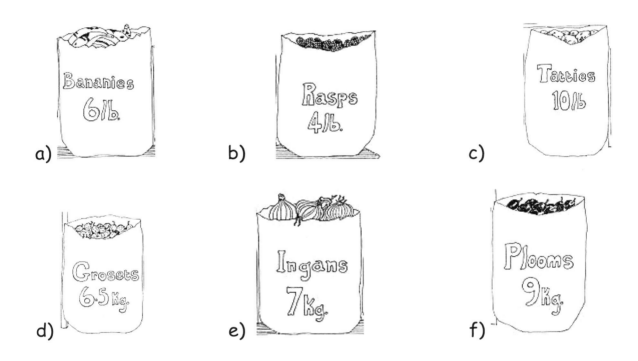

a)

b)

c)

d)

e)

f)

MAIR WORK WI NOUNS

Some fowks' **surnames** come fae Scots words.

Hae a neb at a **dictionary** or a **name book** tae find oot whit these names mean:

Auld	**Baxter**	**Bogle**	**Braidwood**	**Burnside**
Carlin	**Chapman**	**Cottar**	**Dempster**	**Faulds**
Gibson	**Grieve**	**Kirk**	**Laird**	**Lang**
Lorimer	**Millar**	**Porteous**	**Soutar**	**Strang**

Adjectives

Broonie says 'It's time tae meet ma daft faimlie. But afore we find oot aboot ma glaikit relatives, we should tak a keek at some adjectives an find oot exactly hoo they work.'

An **adjective** is a describin word. It tells ye mair aboot whit a person or a thing looks like. It gies ye *mair detail.*

an **auld** man	a **crabbit** teacher	an **eerie** soond
a **bonnie** lassie	a **dreich** day	a **fine** laddie

The words <u>auld</u>, <u>bonnie</u>, <u>crabbit</u>, <u>dreich</u>, <u>eerie</u> an <u>fine</u> are **adjectives**. They gie us mair information aboot people an things.

Exercise Ten   read an **scrieve**

Mak twa leets – ane for **adjectives** an ane for **nouns**. Decide which words in these sentences are adjectives an which anes are nouns.

1. The wee boy ran awa fae the muckle dug.
2. Auld Sandy tried on his new breeks.
3. The bonnie bairn has a sair finger.
4. That lassie wi the gowden hair is a braw singer.
5. I prefer broon breid tae white breid.
6. The muckle rugby-player had lang legs an mingin oxters.
7. Ma uncle cleans oot clartie lums.
8. Tam wis a brave loon that wisna feart tae ging intae eerie hooses.
9. The skinnymalink wife mairried the fattygus man.
10. The gallus bairns lowped up an doon on the shooglie brig.

Exercise Eleeven

Pit the richt **adjective** in the richt place. Choose fae the leet below.

wee	bonnie	muckle	jaggie	cauld
reid	yella	lang	sair	braid

1. A rose is a b_____ flouer.
2. A thistle is a j_____ plant.
3. Scotland is a w____ country.
4. Cairo is a m_____ city.
5. Brazil has a y_____ flag.
6. Iceland is a c_____ country.
7. Mars is a r_____ planet.
8. American Fitba players aw hae br_____ shooders.
9. Pinnochio had a l____ neb.
10.   A jag fae the doctor is sometimes s ____ .

Exercise Twal

Whit's the difference?
Select the richt pair o adjectives an answer the question wi a sentence.
eg
  1. Whit's the difference atween a moose an an elephant?   wee / muckle
  2. Fit's the difference atween January an June?   cauld / warm
      1. *A moose is wee but an elephant is muckle.*
      2. *January is cauld but June is warm.*

A

1. Fit's the difference atween a midgie an a whale?   young / auld
2. Whit's the difference atween a bairn an a grandfaither? cauld / hot
3. Whit wey can ye tell Alaska fae Africa?   wee / muckle

B

1. Fit wey can ye tell a thistle fae a daffodil? sweet / soor
2. Whit's the difference atween a cat an a mowdie? peerie / muckle
3. Fit maks an aipple different fae a lemon? sherp-eed / blin
4. Whit wey can ye tell a spuggie fae an eagle? jaggie / saft

Broonie says, 'Fowk in the North-East use 'fit' an 'fit wey' for speirin. In ither pairts, fowk say 'whit' an 'whit wey'. Which dae you say?'

The Broonie Faimlie – Wha's like us?

Broonie says 'We're aw different shapes an sizes an adjectives can help us tell each ither apairt. Ma faimlie has come alang the day tae show us hoo tae use **comparatives** an **superlatives**.'

➤ Uncle Broonie is **auld**. Grannie Broonie is **aulder**. But Granpa Broonie is the **auldest**.

➤ Ma Broonie is **wee**. Cousin Broonie is **wee-er**. But Bairn Broonie is the **wee-est**.

➤ Teen Broonie is **skinnymalink**. Brither Broonie is **mair skinnymalink**. Faither Broonie is the **maist skinnymalink**.

The Broonies – wha's wha?

Exercise Thirteen

Look at this picter o the Broonie Faimlie an answer the follaein questions.

eg
Q. Wha's the wee-est fae Faither Broonie an Bairn Broonie?
A. *Bairn Broonie is wee-er than Faither Broonie.*

1. Wha's the auldest fae Granpa an Teen Broonie?
2. Wha's the braidest atween Grannie an Brither Broonie?
3. Wha's the bonniest fae Uncle an Cousin Broonie?

4.

Look at this picter. Wha dae ye think's the brawest cook - Ma or Teen Broonie?

Exercise Fowerteen

Look at the adjectives below an the picters nixt tae them.
Mak sentences usin the comparative an the superlative.

eg **hackit** –

> Mingin Meg is **hackit**. Bowfin Betty is **mair hackit**. But Clatty Pat is the **maist hackit**.

1. lang

2. clartie

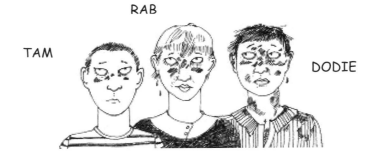

TAM RAB DODIE

3. strang

MR AIRMS MR HEIFER

MR MUCKLE

4. dreich

OCTOBER. NOVEMBER. DECEMBER.

5. forfochen

Verbs

Broonie says 'Verbs are juist as important as nouns an adjectives but there is a lot mair tae remember aboot them. Dinna fash, though. Yer auld pal **Broonie** will stey richt by ye tae help ye oot.'

Whit is a **VERB** ?

A **VERB** is a 'daein' word. It tells ye whit a person or a thing is daein.

eg The laddie *lowps* the gate.

Q. Whit's the laddie 'daein'?   A. He's lowpin the gate.
Q. Which word tells us that?   A. 'lowps' - so 'lowps' is the verb.

Nae bother.

Exercise Fifteen   read an scrieve

Write oot these sentences in yer jotter an **unnerline** the verb.

1. The lassie cowps the barra.
2. The bairn greets.
3. The fitba player's oxters reek.
4. The picter hings in the livin room.
5. The teacher glowers at the pupil.
6. The gowf stick sclaffs the baw.
7. The postie chaps the door.
8. The faimlie flits tae a new hoose.
9. The faither checks the laddie for his cheek.
10. The hillwalkers trauchle up the brae.

PRESENT TENSE

Broonie says, 'TENSE tells ye *whan* an action is happenin.'

If a verb is in its **PRESENT TENSE** form, then this means that the action is happenin **noo**.

eg

    I pent, **you** dae, **he** glowers, **she** lowps,
    we ken, **youse** greet, **they** bide

Aw these are present tense verbs because the action is happenin **noo**.

CONJUGATE THE PRESENT TENSE

Broonie says, 'Verbs hae aw kinds o different endins. The best wey tae mak sure ye've got aw the endins richt in your heid is tae **CONJUGATE** each verb ye come tae.'

'**CONJUGATIN** is *nae bather*', **says Broonie.**
'Even I can dae it.'

eg **Conjugate** the **present** tense o the verb **blether**

<u>present tense</u> - blether

I blether | we blether
you blether | youse blether
he/she/it blethers | they blether

Conjugate the **present** tense o the follaein Scots verbs.

bide	**droon**	**glower**	**ken**	**pauchle**	**skite**
blaw	**fecht**	**greet**	**lowp**	**reek**	**slaver**
chap	**fleg**	**haver**	**mairry**	**scrieve**	**sook**
cowp	**flit**	**hing**	**pech**	**shoogle**	**stot**
drap	**gie**	**keek**	**pent**	**skelp**	**tak**

Exercise Seeventeen
scrieve in sentences

Choose ten o the verbs fae Exercise Saxteen an mak ten sentences wi them. Mind an use the **Present** Tense.

THE FUTURE TENSE

Broonie says, 'Mind that Tense tells ye *when* an action is happenin.'

If a verb is in its **FUTURE TENSE** form, then the action hasnae happened *yet* but *will* happen some time in the future.

Exercise Echteen	conjugate an **scrieve**

Conjugate the Future Tense o the verb **howk**

> *eg*
>
> | | |
> |---|---|
> | I will howk | we will howk |
> | you will howk | youse will howk |
> | he/she it will howk | they will howk |

Broonie says, 'I ken aw this conjugation o verbs sounds glaikit but it's a braw wey o learnin verbs an their tenses. If ye learn this technique noo, ye'll hae nae problem wi French, German, English an ither languages.'

Conjugate the Future Tense o the follaein verbs.

bile	droon	fankle	hoast	pit
skoosh	cairry	dook	gaither	ken
rair	taigle	chant	dunt	hing
plowter	scutter	warsle		

Exercise Nineteen	**scrieve in sentences**

Choose five verbs fae Exercise Echteen an mak five sentences wi them. Mind an use the **Future** Tense.

SIMPLE PAST TENSE

Broonie says, 'We've had a keek at the Present an the Future. Noo we 'll hae a neb at the Past.'

We're gaunae learn aboot twa kinds o Past Tense. The first ane is cried the **Simple Past** Tense.

The **Simple Past** Tense tells ye aboot an action *that is feenished.*

eg

Present Tense	Simple Past Tense
I **blether**	I **blethered**

Aw ye dae is add

Exercise Twintie

A. Fill in the toom spaces.

Present Tense	Endin -ed	Simple Past Tense
I droon	drooned	_____
I pech	peched	_____
I toom	toomed	_____
I gaither	_____	I gaithered
_____	slavered	I slavered
I glower	_____	_____
_____	havered	_____
_____	_____	I scuttered
I slaister	_____	_____

B. Whiles, a verb in its present tense form ends wi a vowel. Aw ye dae is add

D

Fill in the toom spaces.

Present Tense	Endin -d	Simple Past Tense
I pauchle	pauchled	I pauchled
I trauchle	_____	_____
I bauchle	_____	_____
I fankle	_____	_____
I guddle	_____	_____
I skiddle	_____	_____
I warsle	_____	_____
I shoogle	_____	_____
I ettle	_____	_____
I kittle	_____	_____

C. An **-ed** endin for a simple past tense is the same as English an you should ayewis use **-ed** if ye get stuck.

eg
  skelp → skelped   chap → chapped   fleg → flegged   reek → reeked

But if you want tae use a mair Scots version o the past tense, here's whit ye dae. Ye add

IT

eg
  skelp → skelpit   chap → chappit   fleg → fleggit   reek → reekit

Chynge these verbs fae the **present** tense tae the **past** usin this mair Scots endin.

Present Tense	Endin -it	Simple Past Tense
I lowp	lowpit	I lowpit
I keek	_____	_____
I pent	_____	_____
I reek	_____	_____
I cowp	_____	_____
I sneck	_____	_____
I sook	_____	_____
I dicht	_____	_____
I dunt	_____	_____
I howk	_____	_____
I jouk	_____	_____
I jink	_____	_____
I yeuk	_____	_____
I scart	_____	_____

 Mind the double letter in these yins!

I flit	flittit	I flittit
I stot	_____	_____
I fleg	_____	_____
I chap	_____	_____
I hap	_____	_____
I nip	_____	_____
I big	_____	_____

Exercise Ane an Twintie

A. Chynge these sentences fae the **present** tae the **past** tense.

1. The boy skooshes watter ower his pals.
2. Fairmer Broon howks the tatties oot the grund.
3. The bairn skiddles doon her bib wi soup.
4. The horses lowp the dyke.
5. We drap him aff at the corner.
6. I glower at her for a haill ten minutes.
7. You pauchle me oot o ma pocket-money.
8. They haver something in the lassie's lug.
9. The polisman chaps the door.
10. I pent the lobby masel.

B. Chynge these sentences fae the **past** tae the **present** tense.

1. The bairn guddled in the burn.
2. Tam's hoose reekit o sweaty socks.
3. I shoogled the table an Katie's hoose o cairds cowpit on the flair.
4. Dawn sneckit the gate at the bottom o the gairden.
5. Sean stottit the baw aff the grund an skelped it oot the park wi the bat.

PERFECT TENSE

We've keeked at the Simple Past Tense. Noo we'll look at the **Perfect** Tense.

The **Perfect** Tense tells ye aboot an action that has happened in the past but *is no completely feenished*.

Tae mak the **Perfect Tense**, ye need tae ken aboot the **past participle**. For maist verbs, the **past participle** is juist the same as the simple past tense (keek back at page 46 if ye cannae mind whit this is!).

eg

Simple Past Tense	*Past Participle*	*Perfect Tense*
I **blethered**	**blethered**	I hae **blethered**

Tae mak the **Perfect Tense**, aw ye need tae dae is pit the **auxiliary** or helpin verb **'hae'** thegither wi the **past participle**.

    eg

        I <u>hae jined</u> the club.

Here is the present tense o the verb **hae**.

I **hae**	we **hae**
you **hae**	youse **hae**
he/she/it **has**	they **hae**

Exercise Twintie Twa

A. Fill in the toom spaces.

Present Tense	Simple Past Tense	Perfect Tense
I flit	I flitted	I hae flitted
I blether	_____	_____
I pent	_____	_____
I trauchle	_____	_____
I slaver	_____	_____
I lowp	_____	_____

B. Chynge these sentences fae the **present** tae the **perfect** tense.

1. You shoogle the book shelf.
2. We dook for aipples.
3. He biles the kettle.
4. I stot the basketbaw.
5. The teacher glowers at me.
6. The corridor reeks o weet jaikets.
7. Sam an Catriona fleg ane anither.
8. They drap the gless vase.
9. I gaither in the dry claes.
10. The lass scutters wi the crayons an cowps them on the flair.

IRREGULAR VERBS

 **Broonie says**, 'The verbs we hae looked at so far have aw been regular. *Regular* means that the spellin steys the same in the present, simple past an perfect tenses.'

eg

	I **blether**	I **blether**ed	I hae **blether**ed
or	I **lowp**	I **lowp**it	I **hae lowp**it

But there are a few *irregular* verbs oot there an ye hae tae keep yer ee on them. Irregular verbs can be fykie craiturs because they dinnae stey the same in the different tenses.

eg

	I **buy**	I **bocht**	I hae **bocht**
or	I **think**	I **thocht**	I hae **thocht**

Exercise Twintie Three   conjugate an scrieve

Use the **leet o irregular verbs** on page 68 tae help ye conjugate the **simple past** tense o these verbs:

> **buy, think, bring, fecht, greet, ken.**

eg   **buy:**   I bocht   we bocht
                         you bocht   youse bocht
                         he/she/it bocht   they bocht

PRESENT CONTINUOUS TENSE

Broonie says, 'You are daein awfie weel. VERBS are *that hard* tae learn. There's juist a wee bit mair tae thole an then ye'll ken juist aboot awthing ye need tae ken aboot VERBS.'

The **PRESENT CONTINUOUS TENSE** is a wee thing like the present tense because it tells ye aboot an action *that is happenin noo.* The difference is that ye use the PRESENT CONTINUOUS TENSE tae describe an action *that is still happenin.*

eg   I am bletherin.   He is fechtin.   They are greetin.

Tae mak the PRESENT CONTINUOUS TENSE, ye need twa things:
- ✓ the PRESENT TENSE o the auxiliary verb **be**
- ✓ the **Present Participle**

Here is the present tense o the verb **be**:

I am	we are
you are	youse are
he/she/it is	they are

You get the **PRESENT PARTICIPLE** when ye tak the verb an add **IN**

blether + **in** = **bletherin**
fecht + **in** = **fechtin**
greet + **in** = **greetin**

Exercise Twintie Fower

Mak the **present participle** fae these verbs:

1. blether	4. pent	7. pech	10. lowp	13. lauch
2. gaither	5. skoosh	8. skelp	11. cowp	14. droon
3. slaister	6. sook	9. hoast	12. dunt	15. yeuk

Exercise Twintie Five

Tak the fifteen **present participles** fae Exercise Twinty Fower an conjugate the **present continuous** tense for each ane.

eg **bletherin**

I am bletherin
you are bletherin
he/she/it is bletherin

we are bletherin
youse are bletherin
they are bletherin

Some Fykie Present Participles

A. Wi verbs that end in **–e** (*eg* bide, thole, shoogle, skite), ye **drap** the **–e** an add **–in**.

eg bidin, tholin, shooglin, skitin

but

wi verbs that end in **–ae** or **–ie** or **–ee** (*eg* dae, gie, dee), ye **keep** the **–e** an add **-in**.

eg daein, giein, deein

B. Ye'll mind that in the **past participle**, some verbs needed a double letter.

chap became **chapped**	**fleg** became **flegged**
flit became **flittit**	**stot** became **stottit**

The same thing happens tae these verbs in the **PRESENT PARTICIPLE**.

chap becomes **chappin**	**flit** becomes **flittin**

C. Some verbs end in –**y**. Wi these, the verb steys the same an ye juist add –**in**.

cairry becomes **cairryin**	**coory** becomes **cooryin**

Exercise Twintie Sax

Mak the **present participle** fae these verbs.

1. bile	**4.** skiddle	**7.** hae	**10.** flee	**13.** gie	**16.** hap
2. jine	**5.** pauchle	**8.** swallae	**11.** see	**14.** drap	**17.** fleg
3. tyne	**6.** kittle	**9.** follae	**12.** dree	**15.** stap	**18.** mairry

Exercise Twintie Seeven   conjugate an scrieve

Tak the echteen present participles fae Exercise 26 an conjugate the **present continuous** tense for each ane.

Whit are they daein?

Look at the picter an write as monie sentences as ye can think o tae say whit the fowk are daein? Use the **word kist** tae help ye.

1.

2.

3.

eg The lassie is <u>greetin</u>.
The lassie is <u>bubblin</u>.

4.

5.

6.

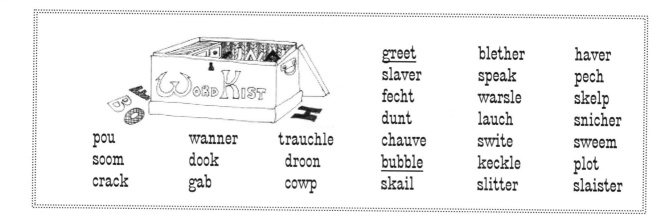

pou	wanner	trauchle	<u>greet</u>	blether	haver
soom	dook	droon	slaver	speak	pech
crack	gab	cowp	fecht	warsle	skelp
			dunt	lauch	snicher
			chauve	swite	sweem
			<u>bubble</u>	keckle	plot
			skail	slitter	slaister

PAST CONTINUOUS TENSE

Broonie says, 'The **PAST CONTINUOUS TENSE** is juist aboot the same as the SIMPLE PAST TENSE because the action is in the past but that action *went on for a whilie*.'

eg   I wis bletherin. He wis fechtin. They were greetin.

Tae mak the PAST CONTINUOUS TENSE, you need twa things:
  ✓ the SIMPLE PAST TENSE o the auxiliary verb **be**
  ✓ the PRESENT PARTICIPLE

Here is the simple past tense o the verb **be** :

I wis	we were
you were	youse were
he/she/it wis	they were

Exercise Twintie Nine   conjugate an scrieve

Conjugate these ten verbs in the **past continuous** tense:

skelp	flicher	jouk	flit	chap
gie	follae	swallae	pauchle	thole

Exercise Thertie   scrieve

These sentences are in the **present continuous** tense. Chynge them intae the **past continuous** tense.

1. She is greetin for her mammie.
2. They are fechtin ower the sweeties.
3. The horse is pechin up the brae.
4. Shona an Mary are bletherin aboot the school.
5. I am howkin weeds oot the gairden for ma grandfaither.

6. We're flittin fae Peterheid tae Kirkcaldy.
7. Ye're chappin the wrang door.
8. The jannie is bilin the kettle.
9. Uncle Cam is pentin his front room.
10. The schoolfreends are gaitherin ootside the pictures.

NEGATIVES

Broonie says 'Ye cannae ayewis agree wi awbodie. Ye sometimes hae tae reply in the negative.'

There are <u>three</u> weys tae answer in the **negative.**

➤ <u>Yin wey is tae use **no**.</u>
'**Heh, Teen Broonie. Gie's a len o some money.**' - 'Ah'm no glaikit. Ah'm no giein you onie money. You'll no gie me it back.'

➤ <u>The second wey is tae use **nae.**</u>
'**Heh, Broonie. Whaur's yer big brither?**' – 'Ah've got nae idea whaur he is. An Ah've got nae desire tae see him, either.'

➤ <u>The third wey is tae use words like</u> **dinnae, cannae, wisnae, isnae, hinnae.**
'**Heh, Teen Broonie. Whit time's it?**' - 'Dinnae ask me. Ah dinnae ken. Ye shouldnae ask me whan ye ken ah hinnae got a watch.'

Broonie says, 'It's juist as guid tae use **dinna, canna, wisna, isna, havena.**'

Exercise Ane an Thertie

A. Answer the questions in the negative usin the word **no**.

eg   Q. Are you glaikit?   A. Ah'm no glaikit.

1. Are you cauld?
2. Are you drookit?
3. Are you weel?
4. Is that your hoose?
5. Are they your freends?

6. Is yer dug cawed Bobby?
7. Is she fae Edinburgh?
8. Wis the film awfie?
9. Is the jag sair?
10. Are the school dinners mingin?

B. Reply tae the questions an demands in the **negative** usin the word **no**.

eg Q. Are you comin oot?   A. Ah'm no comin oot.

1. Are ye gaun tae the pictures?
2. Are you stottin the baw again?
3. Are they fechtin?
4. Are yer oxters reekin?
5. Is she feenished her work?

6. Why are ye haverin?
7. Whit are ye greetin for?
8. Gie's a len o yer bike.
9. Gie me a bite o yer burger.
10. Gaunae dae ma hamework for me.

C. In some pairts o Scotland, fowk use **nae** insteid o **no**.
Gie answers tae the questions in the negative usin the word **nae**.

eg Q. Are you weel?   A. Ah'm nae weel.

1. Is it far tae the hoose?
2. Is the laddie muckle?
3. Is the lass a braw singer?
4. Is their grandfaither auld?
5. Are your lugs clarty?

6. Is it dreich ootside the day?
7. Is the polisman feart?
8. Is the brig shooglie?
9. Is the auld carlin bonnie?
10. Is the athlete forfochen?

D. Reply tae the questions in the negative usin the word **nae**.

eg

Q. Have ye got onie time tae help me?   A. Ah've got nae time tae help ye.

1. Have ye got time for a blether?
2. Have we got onie milk?
3. Has she got onie hamework?
4. Is he gettin onie better?

5. Have ye got some mair biscuits?

6. Have ye onie idea whaur ye pit it?
7. Has he got a chance o winnin?
8. Have ye got onie money on ye?
9. Have ye onie idea whan they'll come?

10. Have ye got onie spare gutties?

E. Answer the questions usin **dinnae** (or **dinna**) or **cannae** (or **canna**).

eg Q. Dae ye ken whit time it is?   A. Ah dinnae ken whit time it is.

1. Dae ye ken that laddie's name?
2. Dae ye bide in Glesca?
3. Dae ye play fitba on Tuesdays?
4. Dae ye like the school?
5. Dae ye greet at sad films?

6. Can ye speak Danish?
7. Can ye pent?
8. Can ye play the fiddle?
9. Can ye bile an egg?
10. Can ye fling yer grannie aff the bus?

F. Answer the questions usin **isnae** (or **isna**) or **wisnae** (or **wisna**).

eg Q. Is he comin wi us?   A. He isna comin wi us.

1. Is that lassie your sister?
2. Is that his car?
3. Is she greetin?
4. Is ma semmit shawin?
5. Is the baw burst?

6. Wis he here the day?
7. Wis the teacher crabbit?
8. Wis the soup guid?
9. Wis the weather dreich?
10. Wis the toun busy?

G. Keek back at Sections **E** an **F**. In each case, we added **-nae** or **-na**. Can ye work oot the **negative** o these words?

1. am
2. are
3. were
4. does
5. did

6. had
7. should
8. could
9. wid
10. will

Broonie says,
'winna' also means 'will not', an 'hinna' means 'have not'.

Adverbs

Broonie says, 'An **adverb** tells ye mair aboot a verb.'

The teacher spoke <u>crabbitly</u> tae the boy.
The lassie clapped the cuddie <u>saftly</u> on the heid.

Exercise Thertie Twa   keek an scrieve

Tae mak an adverb, ye juist add tae an adjective.

Add **-ly** tae these adjectives tae form the adverb.

A.

sherp	saft	dour	braw
strang	soor	blin	cauld

B.

Whiles, the adjective ends in **–ie** or **–y**. For anes that end **–ie**, ye drap the **-e** an add **-ly**. For yins that end **-y**, ye chynge the **-y** tae an **-i** an then add **-ly**.

Chynge these adjectives intae adverbs:

eerie   bonnie   cannie   cantie

couthie   drouthie   clartie   sappie

Exercise Thertie Three	scrieve in sentences

Add an **adverb** tae these sentences. Choose fae the leet o adverbs ye made in Exercise 32.

1. The wind blew _____.
2. The grandmither looked _____ at the bairn.
3. Aw the doors creaked _____ in the haunted hoose.
4. The quine wis dressed _____ .
5. I shut the car door _____ so that naebody wid hear.
6. Athoot his glesses, he keeked _____ aroon.
7. The thirsty lad stared _____ at the bottle o ginger.
8. The louns slaistered _____ aroon in the muddy midden.
9. He didna want tae crash so he drove _____ alang the motorway.
10. The crabbit teacher glowered _____ at the cless.

Whit time's it aboot?

Broonie says, 'Sometimes fowk tell ye the time in Scots.'

It's **hauf** ten.   It's juist **afore** seeven.
It's **quarter tae** eleeven.   It's ten **efter** three.

It's juist **efter** nine. *or* It's **the back o** nine.
(these twa mean the same)

Broonie says, 'In America, fowk say 'ten after' or 'quarter after' the oor. This is juist like we dae in Scots, sayin 'ten efter' or 'quarter efter' .'

Mind yersels o the nummers fae Exercise 1 an try tae answer the question '**Whit time is it?**'

Exercise Thertie Fower

eg

 It's hauf fower.

1.

2.

3.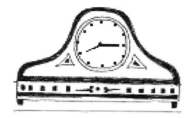

4.

5.

6.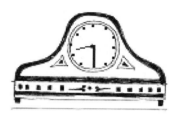

7.

8.

9.

10.

11.

12.

Grannie Broonie says, 'In the auld days, we had a different wey o tellin the time. Whan it wis 6.30 we didna say it wis **hauf six**. Insteid we said it wis **hauf <u>seeven</u>**.'

In thae days ye went by whit nummer wis comin nixt an no by the ane that had juist passed. (They still dae it this wey in Holland an Germany an a wheen ither countries.)

Exercise Thertie Five

Tell the time, daein it the wey Grannie Broonie used tae.

1. 6.30   **2.** 10.30   **3.** 3.30
4. 7.30   **5.** 12.30

Pronouns

Broonie says, 'Ye ken juist aboot awthing ye need tae ken aboot writin in Scots. But there's juist yin last wee daud o knowledge tae pit inside yer heids.'

I	you, ye	he, she, it
we	you, youse	they

You use **pronouns** tae replace a noun or a person's name. **Pronouns** gie ye the option no tae keep repeatin nouns or fowk's names aw the time.

eg

Tam deeved Shona aboot the penalty for oors. Tam widna shut up aboot the penalty. Shona didna care aboot the penalty but Shona listened as Tam blethered on an on aboot the penalty.

It could mak a bodie gey seek hearin the same names ower an ower again. So insteid, we use **pronouns**.

*Tam deeved Shona aboot the penalty for oors. **He** widna shut up aboot **it**. Shona didna care aboot the penalty but **she** listened as **he** blethered on an on aboot **it**.*

Exercise Thertie Sax   scrieve

he   she   they   him   it

Usin this leet o pronouns tae help ye, replace the **nouns** wi **pronouns** whaur ye think it's necessary. (See **nouns** on page 29 if ye canna mind whit they are.)

Teen Broonie didna want tae eat the haggis. Teen Broonie wisna awfie fond o haggis. Teen Broonie sat at the table, glowerin at the haggis. The haggis wis cauld gettin. Ma Broonie had been cookin aw mornin. Ma Broonie wis crabbit at Teen Broonie because Teen Broonie wisna eatin the haggis Ma Broonie had made. Ma Broonie decided tae no gie Teen Broonie onie dumplin. Teen Broonie glowered some mair at the haggis an then pit the haggis in his mooth. Teen Broonie looked at the dumplin an slavered. Teen Broonie didna want tae miss oot on the dumplin.

Pronouns is braw!

Ye can use pronouns for yersel an for ither fowk. "I" is an awfie important pronoun because ye can use it tae say things aboot yersel. Fowk in different pairts o Scotland pronoonce "I" in different weys.

Which wey o pronooncin is mair like whit you say yersel?

Ah   or   **Eh**   or   **I**

Exercise Thertie Seeven

Rewrite this passage chyngin fae the **third person** tae the **first person**. In ither words, replace the character's name an the pronoun **he** wi either **Ah, Eh** or **I**.

Cody comes fae Scotland. He bides in a hoose in a muckle city. He likes fitba an gowf. He has twa sisters but he doesna hae onie brithers. He is intae drawin picters an he mibbe wants tae be an artist whan he is aulder.

____ come fae Scotland. ____ bide in a hoose in a muckle city. ____ like fitba an gowf. ____ hae twa sisters but ____ dinnae hae onie brithers. ____ 'm intae drawin picters an ____ mibbe want tae be an artist whan ____ 'm aulder.

Leet o Irregular Verbs

Present Tense	Simple Past	Perfect Tense	Present Participle
I am	**I wis**	**I hae been**	**bein**
I bide	I bade	I hae bade	bidin
I bring	I brocht	I hae brocht	bringin
I fecht	I focht	I hae focht	fechtin
I find	I fund	I hae fund	findin
I gae	I gaed	I hae gane	gaun
I greet	I grat	I hae grat	greetin
I hae	I had	I hae had	haein
I ken	I kent	I hae kent	kennin
I mak	I made	I hae made	makkin
I sell	I selt	I hae selt	sellin
I tak	I taen	I hae taen	takkin
I tell	I telt	I hae telt	tellin
I think	I thocht	I hae thocht	thinkin
I tine	I tint	I hae tint	tinin

Exercise Thertie Echt

Noo it's time for youse tae tell us aboot yersel. Write aboot the wey ye look, yer hobbies, yer school, yer faimlie. Use the leet below tae help ye.

- ✓ whaur ye come fae
- ✓ whit kind o hoose ye bide in
- ✓ whit colour o een ye hae
- ✓ whit-like size ye are
- ✓ whit-like claes ye wear
- ✓ whit kin o things ye like daein
- ✓ whit yer faimlie is like
- ✓ whit yer school is like
- ✓ whit ye want tae dae whan ye're aulder

Noo dae the same thing again, but this time write it aboot yer pairtner in the cless an gie it the title '**Ma Neibour**'.

eg

Ma neibour is cried Brian. He's got broon een an a neb like a carrot. He aye wears bleck breeks an he's got a lug-ring in baith lugs.

He doesnae play fitba but he's awfie guid at rugby. He bides in the same street as me an he aye chums me doon tae the school in the mornin.

Sometimes he's crabbit but maist o the time he gies ye a guid lauch. He's a braw neibour.

Writin in Scots

Broonie says, 'Ah'm an awfie happy Broonie. Ah'm up tae hi-doh ye've worked sae hard an kept yer lugs open like ah telt ye an reached the end o this book. *Weel done, the lot o ye.*

An noo that ye've crammed aw this knowledge intae yer heid, let's see if ye can use it tae dae some writin in Scots.

Here's a wee leet o suggestions tae git ye sterted. If ye cannae mind hoo tae write a word or sentence, ye can ayewis jink back throu the exercises tae find oot.'

Write aboot:

yer faimlie
yer best freend
yer pet
yer hoose
yer school
yer toun, city or village
a place ye've been tae on holiday
the Scottish weather
a fitba match

Possible Titles for Stories:

The Clarty Coo
The Drookit Dug
The Eerie Hoose
The Fecht
Ma Bonnie Island
The Langest Nicht
The Tree at the Tap o the Brae
The Loon wi Nae Name

Broonie says, 'Here's a wheen different examples tae gie ye an idea o whit written Scots can look like.'

Sometimes I wish I wis in Africa. It wid be bilin in Africa. There wid be nae rain or snaw. It wid never be dreich. There wid be nae ice-shoggles on the end o yer neb on a winter's day. In Africa, it wid ayewis be bonnie.

I can see masel in Africa. I wid glower at aw the exotic craiturs there. I wid run aboot wi the leopards an bellow an rair like the lions. I wid eat ma tea unner the muckle trees an sleep at nicht on the hard staney groond.

Katie wis makkin a cairtie. She got a len o a big crate fae her grandfaither. She foond fower clartie auld wheels at the city cowp. An her brither gied her a steering wheel fae ane o his auld cairties which he didna use onie mair. She pit aw the bits thegither, gied the hail thing a skoosh fae a can o ile, an stood back tae keek at her new cairtie.

It wis a stotter. Awbodie said it wis a braw cairtie. Her faither came oot the hoose an said, 'That's a braw cairtie.'

Her maw come awa fae her computer an said, 'Oh, whit a bonnie cairtie.'

Even her brither got aff his bahoochie, poked his neb oot his bedroom windae an commented, 'Ay, no bad.'

But there wis yin problem. Nane o the laddies wid race her. Nae loon in the hail street wid race a lassie. Kate wis bealin whan she discovered naebodie wid let her show hoo fast her new cairtie could gae.

Scotland is a bonnie country. There's muckle great moontains in the North. They are cried the Hielands. A wheen o fowk stey on islands like Skye an Orkney an Shetland. These islands is braw places tae bide because ye can git tae ken awbodie in the hail place.

In the Sooth, maist fowk stey in muckle cities or oot on ferms. Glesca is the biggest toun wi Edinburgh second. Aiberdeen third an Dundee fowrth. Five million fowk bide in Scotland an it is aboot the same size as Denmark.

Thoosans o tourists come tae Scotland each year tae see the bonnie views an the Hieland coos. Maist Scots gae their holidays tae Spain because they can git some sun there. The weather in Scotland is no aw that braw. Ah think mair fowk wid stey in Scotland for their holiday if there wis mair sun in the summer.

Mrs Mump nixt door wis a crabbit auld wife. We yaised tae chap her door an run awa an she yaised tae chase us doon the road wi her rowin-pin. She wis ayeweys keekin oot her windae, checkin tae see whit we were daein. If we were makkin ower much noise, she wid git the polis tae us.

Wan nicht in autumn, we were howlin an bawlin oot in the street an Mrs Mump come oot an telt us tae wheest or she wid bile oor een in her pot. That pit oor gas at a peep, Ah can tell ye.

'Dae ye think she's a witch?' Anna speired the rest o us whan Mrs Mump had gane back intae her hoose.

'Coorse she's no a witch, ' Ah said. Anna wis ayeweys sic a wee feartie.

'But she said she wid pit oor een in her pot.'

We aw stapped bletherin an turned tae look at Mrs Mump's hoose. Aw the lichts wis oot except for wan o the windaes on the tap flair.

'That'll be her daein her spells.' Anna's face wis aw peeliewallie. 'She'll be reddin up her witch's pot.'

Meh name is Wattie. Eh'm the Jannie in this schule. Every denner time it's the same. Eh come back fae haein meh piece an jam in the jannie's bothie an the flair in the main corridor ootside the canteen is an absolute midden. There's crisp pokes, sweetie wrappers, cans o juice skailed aa ower the place. It wid mak ye greet.

So Eh've got tae git ma brush an shovel oot an spend an oor sweepin up aa this clart. The bairns juist dinna care. They've nae idea that some puir sowl like me wull hae tae waste their time howkin up their rubbish. Eh dinna ken.

Brian had never seen sae bonnie a lass. She ran past him efter the nummer 65 bus an didna even look at him. But Brian couldna tak his een aff her. She had lang broon hair that raxed haufwey doon her back. Her claes were smert an she lowped ower the dubs as neatly as a gazelle. Brian tried tae follae her ontae the bus, but he tripped an cowped heidfirst intae the clartiest o the dubs on the pavement.

The nixt day, she wis staunin in the queue aside Brian. He didna hae tae turn roon tae ken she wis there. He could tell fae the wey his hert beat faster an the fact that his heid wis stertin tae birl roon an roon. He wanted tae talk tae the lass but he kent he wid never dae it. He wis ower feart.

Broonie says, ' Noo that ye're an expert on Scots Grammar, I'll say cheerio. But whaurever ye are an whitever ye're daein, dinna forget yer auld pal **Grammar Broonie** , an ayewis mind an hae fun an let yer imagination lowp awa up tae the sterrs whan ye're writin in Scots.'